BIOGRAPHIE

DES

JOURNALISTES.

IMPRIMERIE D'AUGUSTE BARTHELEMY,
rue des Grands-Augustins, nº 10.

BIOGRAPHIE

DES

JOURNALISTES,

AVEC LA NOMENCLATURE DE TOUS LES
JOURNAUX,

ET LES MOTS D'ARGOT DE CES MESSIEURS.

PAR UNE SOCIÉTÉ D'ÉCRIVAINS

QUI ONT FAIT TOUS LES MÉTIERS, ET QUI SE SONT
PLIÉS A TOUTES LES CIRCONSTANCES.

Le sage dit selon le temps :
Vive le Roi! vive la Ligue!
LAFONTAINE.

Paris.

CHEZ LES MARCHANDS DE NOUVEAUTÉS.

1826.

AVERTISSEMENT.

———

Dans le moment où les petites Biographies sont à la mode, on ne sera pas fâché, sans doute, d'avoir en un léger volume de cinquante centimes, de courtes notices sur Messieurs les Journalistes, ces organes de l'opinion publique, dont tout le monde se plaint, et à qui tout le monde cependant fait politesse. Ces indications pourront être utiles aux actrices qui ont besoin de mousser, aux auteurs qui cherchent des annonces, aux confiseurs qui souhaitent qu'on vante leurs douceurs, et aux jeunes filles à marier.

PETITE BIOGRAPHIE

DES

JOURNALISTES.

———

A

Adra. L'un des rédacteurs du Mercure du dix-neuvième siècle. Il écrit aussi dans la Revue encyclopédique, mais sans faire grand bruit.

Aignan. Membre de l'académie, mort en 1824. Il écrivait dans le Courrier français, et avait publié de bons articles de littérature et d'histoire dans la Minerve, dont il était un des collaborateurs.

Amar. Savant professeur, qui a donné de bonnes éditions des classiques latins, et qui fait de nombreux articles sur la littérature française dans le Moniteur.

Amateur. Rédacteur qui n'en demande pas le paiement. Par exemple, M. Etienne n'est pas un amateur : ses articles dans le Constitutionnel lui sont payés cent vingt francs la colonne ; il a le droit d'en fournir quatre par semaine, et de plus une action dans ce journal, laquelle lui rapporte vingt-quatre mille francs par an.

Amis. Les amis des journalistes sont ceux qui leur donnent à manger.

Andrieux. De l'académie française. L'un des rédacteurs de la Revue encyclopédique, où il donne trop rarement d'excellens articles. Son *Examen* du théâtre des Grecs, publié dans ce recueil, l'année dernière, a fait sensation. Il écrivait, sous la République, dans la Décade philosophique, qui est encore recherchée.

Annès. L'un des rédacteurs du Mercure du dix-neuvième siècle, et de la Revue encyclopédique. Son nom du moins est inscrit sur le titre de ces recueils.

Arago. Principal rédacteur des Annales de chimie et de physique. Son fils écrit dans quelques journaux littéraires, et fait des vaudevilles avec M. Théaulon.

Aristarque français. Journal quotidien

politique et littéraire, fondé par MM. de la Bourdonnaie et de Castelbajac , pour la propagation des principes monarchiques.

Arnault. Banni de l'Institut par l'ordonnance de 1816. Il écrivait dans la Minerve et dans le Miroir ; il est maintenant l'un des rédacteurs de l'Opinion , journal pour lequel il a quitté la Pandore, à qui il reste l'espérance.

Aubert-de-Vitry. L'un des rédacteurs du Journal de Paris. Il faisait le plus fort de la besogne dans le Bulletin de M. de Férussac.

Auger. De l'académie française ; l'un des rédacteurs du Journal des Débats, où il fait peu d'effet. Il fut aussi un des principaux collaborateurs du Spectateur, que M. Malte-Brun et lui n'ont pu soutenir, quoique M. Malte-Brun soit un Atlas. M. Auger oubliait dans ce recueil que Napoléon l'avait nourri, car il avait été, sous l'Empire, garde-magasin des fourrages.

Aycard (Marie). Auteur d'un charmant recueil de ballades et de contes populaires de la Provence, l'un des rédacteurs du Corsaire. Il n'est pas assez malin.

B

Bailleul (Charles). L'un des rédacteurs du Constitutionnel, où il est actionnaire; mais il est plus connu par sa Réfutation de l'ouvrage posthume de madame de Staël, sur la révolution, réfutation qu'il annonça très-bien dans son journal.

Barante (Le baron de). Pair de France, célèbre par son *Histoire des ducs de Bourgogne*. Il était doctrinaire sous M. Decazes, et écrivait dans le Journal de Paris. Il donne maintenant quelques articles dans le Constitutionnel, qui vante beaucoup ses ouvrages, surtout lorsqu'ils paraissent chez Ladvocat.

Barbier-Vémars. De son vivant rédacteur de *l'Hermès Romanus*, journal latin mort il y a quatre ans, avec son auteur. Maupertuis aussi avait voulu fonder un journal en latin de cuisine; il avait même proposé de bâtir une ville latine, proposition qu'on a renouvelée de nos jours dans une adresse à Louis XVIII. Sans doute que si on bâtissait cette ville latine, on profiterait de l'avis de Voltaire, qui conseillait de la placer dans le trou que Maupertuis vou-

lait creuser en Prusse, pour aller aux anti-
podes.

Baudouin (Hippolyte). L'un des deux
frères qui exploitent si bien la librairie.
Il classe au Constitutionnel les articles d'annonces de librairie ; aussi les ouvrages de
son fonds ne sont-ils pas oubliés.

Bayle (Pierre). Auteur du Dictionnaire
qui porte son nom, et fondateur du célèbre
recueil intitulé : *Nouvelles de la République
des Lettres*, fait avec une conscience qui
n'est plus de mise aujourd'hui.

Beauvais (le général). Principal auteur
des *Victoires et conquêtes*, l'un des rédacteurs du Journal du Commerce. Il écrit
aussi dans le Constitutionnel, et publie un
Dictionnaire historique en un volume, dans
lequel M. Barbier le bibliothécaire, fournit des articles de bibliographie, depuis
que ledit M. Barbier est mort.

Bellemare. Auteur de quelques romans.
Il travaille à la Gazette de France, et fait
le coup de poing dans la politique.

Belmondi. L'un des rédacteurs du Journal de Paris, où il fournit quelquefois la
pièce de bœuf. Son nom rime avec Sismon-
di : ce sont cependant deux hommes qu'il
ne faut pas confondre.

Benaben (Claude-Louis). Directeur de collége, professeur, républicain, impérialiste, tourmenté en 1815 pour opinion. Il écrivit dans la Minerve, et puis tout-à-coup dans la Quotidienne; publia le Modérateur; redevint libéral, et se jeta enfin dans la Gazette, où il écrit encore de petits éloges des Jésuites. On dit qu'il a fait à Toulouse des cantiques dont voici un couplet :

Un amour illégitime
N'est pas un amour permis,
Et l'on ne peut pas sans crime
Aimer la femme d'autrui.

Berchoux. Auteur du charmant poème de la *Gastronomie*, converti depuis ce temps-là ; l'un des rédacteurs de la Quotidienne, et des ennemis de Voltaire.

Béranger. Le plus illustre chansonnier de notre temps. On l'annonce sur quelques couvertures de recueils périodiques comme rédacteur : il ne fait que des chansons. Il en a publié beaucoup dans la Minerve, et en donne encore, mais trop rarement, dans le Mercure du dix-neuvième siècle.

Berr (Michel). Israélite qui n'écrit rien, mais dont le nom se trouve partout; l'un des rédacteurs de la Revue encyclopédique, fondateur de l'Israélite français, dont le premier numéro est promis depuis cinq ou six ans. Son écriture est une curiosité, car il ne peut pas la lire lui-même. Elle est beaucoup moins claire que le *fac-simile* de l'écriture du Diable, dans le Dictionnaire infernal. Cependant M. Michel Berr avait demandé la place de secrétaire de la Société philotechnique. C'était peut-être une épigramme.

Berr. Principal rédacteur du Journal du Commerce. Il a travaillé aussi à quelques comédies secondaires. Il écrit dans le Mercure.

Berthier (le père). Jésuite ; le principal rédacteur du Journal de Trévoux, dont Voltaire s'est tant vengé. Au reste ce journal avait de bonnes choses.

Bertin-de-Vaux. Sur l'ancien recueil in-8°, intitulé : Journal des Débats et Décrets, etc., il fonda le Journal de l'Empire, redevenu le Journal des Débats politiques et littéraires. Il ne faut pourtant pas reprocher à M. Bertin-de-Vaux, comme on l'a fait, d'avoir changé d'opinion. Le Journal de l'Empire était fait à la Préfecture de police. Les Débats, depuis la restauration,

ont toujours été le plus modéré des journaux de l'opposition royaliste, parce que
ses rédacteurs savent que ce n'est pas le
tout d'être monarchique, mais qu'il faut
encore être constitutionnel.

Berville (Saint-Albin). Avocat distingué, le Fénélon du barreau; l'un des rédacteurs du Journal du Commerce. Il a
donné aussi quelques articles, fort bien
faits, dans le Constitutionnel. Il écrit dans
le Mercure, sur les choses de jurispru-
dence.

Beuchot. Le plus savant de nos biblio-
graphes, fondateur et rédacteur en chef de
la Bibliographie de la France, ou Journal
de l'Imprimerie et de la Librairie. Il pré-
pare depuis trente ans une édition de Voltaire, qui lui a coûté des travaux et des
frais immenses, mais pour laquelle il pos-
sède de précieux documens. M. Beuchot
est l'homme le plus utile aux éditeurs et
aux compilateurs, par ses connaissances
très-étendues et ses complaisances, dont il
n'est pas avare. C'est un vrai savant de la
vieille roche.

Bibliographie de la France. *Voyez* Beuchot.

Biot. L'un des savans qui travaillent dans le Journal des Savans : dites un *De profundis.*

Bodin (Félix). Connu par son *Résumé de l'Histoire de France.* Il écrit dans le Mercure du dix-neuvième siècle.

Boissonnade. Helléniste distingué, excellent littérateur, qui a travaillé au Journal des Débats et au Journal des Savans. On cite de lui de charmans articles dans le Journal de l'Empire. Mais il est devenu bien paresseux !

Bolly (Madame). Elle fait de nombreux articles dans la Gazette de France, sur les romans et la littérature légère.

Bonald. Membre de l'académie française. Il travaillait au Conservateur, et alimente maintenant la Quotidienne, où l'on trouve de longs articles sur ses ouvrages. Malheureusement, on sent trop que M. de Bonald est loué avec connaissance de cause ; c'est-à-dire, que celui qui fait l'article a lu l'ouvrage, ce ne peut être que M. de Bonald.

Boucher-de-la-Richarderie. Editeur silencieux du journal intitulé : Journal général de la Littérature étrangère, lequel paraît incognito chez Treuttel et Wurtz, avec trois cents abonnés, depuis plusieurs années.

BOURDONNAIS (comte de la). Député qui eut l'honneur de proposer l'exclusion de Manuel; fondateur et rédacteur principal de l'Aristarque.

BOUTARD. Rédacteur dans le Journal des Débats, pour les arts, le dessin, la peinture, la gravure et la lithographie. Il accorde de grands éloges aux gravures de haut prix, quand on les lui donne.

BRIFFAUT. Académicien qui travaille à la Gazette de France, pour la littérature, sans que ça paraisse.

BRISSOT-THIVARS (Louis-Saturnin). Libraire et homme de lettres. On lui doit une brochure où il provoqua le rappel des bannis, et deux années du Guide électoral. Il écrivait à Bruxelles, en 1817, dans le Libéral, et dans le Constitutionnel d'Anvers. Il a fondé le Nouvel Homme gris, avec M. Chatelain. Maintenant il ne fait plus que les articles qui peuvent faire mousser sa librairie.

BUCHON. Jeune savant, éditeur de vieilles chroniques nationales qui ont de l'intérêt.

Il écrivait dans le Censeur européen, et fait maintenant de petits articles dans divers journaux, pour annoncer ses publications, et doubler son mérite auprès des libraires. Il écrit pourtant dans le Mercure, mais sans attacher grande importance à son style, que les savans nous laissent, à nous autres ignares.

Bucnoz. Rédacteur de l'article *tribunaux*, dans le Journal du Commerce.

C

Campenon. Académicien; l'un des rédacteurs du journal défunt le Spectateur. Il écrit encore quelquefois, sans signer, dans des feuilles littéraires.

Cassano (J. B.). Directeur du Pilote, où il fournit des articles que ses amis lui donnent.

Castel. Rédacteur en chef de la Pandore; homme plein de bienveillance. Il annonce les ouvrages qu'on lui donne, lorsqu'on lui porte les articles tout faits.

Castelbajac. Député, orateur distingué, l'un des principaux rédacteurs de l'Aristarque français. Il a beaucoup écrit dans le Conservateur.

2

Catholique. Recueil mensuel consacré à la religion, publié sous la direction de M. le baron d'Eckstein.

Cauchois - Lemaire. Jeune écrivain de beaucoup d'esprit, l'un des meilleurs soutiens du fameux Nain jaune. Il écrivait aussi avec grand succès dans le Libéral de Bruxelles. Il a donné des articles dans les Lettres normandes, dans la Minerve; il en donne au Mercure du 19e siècle, et rédige souvent la politique dans le Constitutionnel.

Chasles (Philarète). Elève de M. de Jouy, qui écrit déjà dans la Pandore sur les filles de l'Opéra, et dans le Mercure sur les mœurs.

Chateaubriand (le vicomte de). Pair de France, de l'Académie française, le premier prosateur et le plus grand génie de notre siècle. Il a beaucoup écrit et il écrit souvent encore dans le Journal des Débats. Il fonda le Conservateur, qui eut long-temps un très-grand succès, et qui ne s'arrêta que devant la censure. Au reste, les articles de M. de Châteaubriand sont tous de petits chefs-d'œuvre; mais un si beau talent devrait-il écrire à la journée?

Chatelain. Rédacteur en chef du Courrier français, écrivain élégant et paresseux. C'était un des soutiens du Nouvel Homme gris, recueil où il donna de charmans articles. Il écrit encore dans le Mercure. Son 16ᵉ Siècle en 1817, ses Poésies, ses Lettres à Sidi-Mamouth, et ses autres publications, annoncent toutes un homme d'esprit ; mais l'auteur devrait savoir qu'on n'engraisse pas à vivre de laurier, et il paraît qu'il vit d'alimens plus substantiels. Il écrit dans le Mercure.

COLLIN DE PLANCY. Compilateur infatigable, connu par des ouvrages curieux où l'on trouve de savantes recherches présentées d'une manière amusante. Il a fondé le Petit Courrier des Dames à Paris, et la Sentinelle à Bruxelles. Il a écrit aussi dans le Censeur européen et dans l'Indépendant. Il paraît qu'il se borne aujourd'hui à compiler.

COLNET. Homme de lettres et homme d'esprit, connu par un poème intitulé : *l'Art de dîner en Ville*. C'est le plus ferme soutien de la Gazette de France, qu'il alimente d'articles grotesques, et quelquefois de jolis articles.

COMTE. Fondateur avec M. Dunoyer et

principal rédacteur du *Censeur européen,*
d'abord recueil mensuel, ensuite journal
quotidien, mais qui avait trop de probité
pour vivre long-temps; aussi il n'a guère
paru qu'une année. M. Comte n'écrit, dit-
on, dans aucun des journaux de Paris.

CONSTANT (Benjamin). L'un des rédacteurs de la *Minerve française,* l'un des soutiens de la *Renommée,* journal défunt; l'un
de nos plus célèbres députés, l'un de nos
publicistes les plus remarquables. Il écrit
maintenant dans le *Courrier français.*

CONSTITUTIONNEL. Le plus répandu de nos
journaux politiques, rédigé par MM. Etienne, Bailleul, Jay, de Barante, Dumoulin,
Moureau, etc.

COQUEREL (Charles). Jeune pasteur, directeur de la *Revue protestante.* Il écrivait
autrefois dans le *Censeur* et dans la *Revue
encyclopédique.*

CORBIÈRE (Edouard). Rédacteur de la
Guêpe, recueil moral et littéraire, qui pa-
raissait à Brest. Il écrit à Paris dans les petits journaux. C'est un homme d'esprit,
qu'il ne faut pas confondre avec le minis-
tre, lequel du reste a de l'esprit aussi, aime
beaucoup les bouquins, et travaille, dit-on,
dans quelques journaux ministériels.

Correspondant des Théatres. Feuille périodique qui paraît tous les huit jours, et n'a point d'abonnés.'

Consaire. Journal littéraire quotidien, rédigé par MM. Léon Thiessé, Vieillerglé, etc.

Couler. Perdre ses abonnés et ne plus faire ses frais.

Coup de poing. Faire le coup de poing dans un journal, c'est riposter à un autre journal par lequel on est attaqué, ou l'attaquer soi-même.

Courrier des Théatres. Journal dit littéraire, rédigé par M. Charles Maurice.

Courrier français. Journal quotidien, politique et littéraire, rédigé par MM. Chatelain, Guyet, Kératry, Pariset, etc.

Cousin (Victor). Collaborateur du Journal des Savans, depuis la réorganisation de 1816; savant lui-même, comme il l'a fait voir.

Cuvier (Baron). Conseiller-d'état, académicien, l'un des rédacteurs du *Journal des Savans*, depuis l'organisation de 1816. Il écrivait dans le Journal de Paris, sous M. Decazes.

D

Dacier. Membre de l'Académie française, assistant au Journal des Savans, depuis l'ordonnance de réorganisation de 1816. Il ne paraît pas qu'il écrive autre chose que son nom.

Darmaing (père). Rédacteur dans la Quotidienne des séances des chambres et des tribunaux. C'est, dit-on, un bon sténographe.

Darmaing (fils). Rédacteur en chef du Surveillant, journal défunt. Il écrit sur les beaux-arts dans le Constitutionnel, et vient de fonder la Gazette des Tribunaux.

Daunou. Editeur du Journal des Savans, l'un des rédacteurs du Censeur européen. Ses articles *sur les Garanties individuelles* ont paru très-remarquables; on les a ensuite recueillis en un volume. Il écrit dans le Courrier français.

Delbare (Th.). L'un des rédacteurs actuels de la Quotidienne. Il a fait, dit-on, de petits romans.

Deleuze. Grand partisan de Mesmer, rédacteur en chef du Journal du Magnétisme animal.

Dépôt. Pour faire annoncer un ouvrage, il faut déposer deux exemplaires à chaque journal, et en donner un troisième au rédacteur; mais le dépôt n'est jamais rendu; on le vend, le samedi suivant, pour boire le lendemain.

Depping. L'un des rédacteurs des Annales politiques, littéraires et morales, devenues depuis le Courrier, puis le Courrier français. Il écrivait aussi dans le Censeur européen, surtout les articles politiques, traduits de l'anglais.

Desquiron de Saint-Aignan. Fondateur de la Bouche de Fer, petit journal qui n'a pas eu de succès, malencontre à laquelle l'auteur est habitué.

Destains. Homme de lettres qui travaillé à la Gazette de France pour les objets divers, le coup de poing et les macédoines. Il est aussi orientaliste, car il a mis son nom à une nouvelle édition des *Mille et une Nuits*.

Dondey-Dupré fils. L'un des capitaines de la Revue britannique. Il écrit aussi dans l'Etoile, dont il est imprimeur, de petits articles anodins pour l'annonce de ses Grammaires tartares et de ses Dictionnaires mongols.

Drapeau blanc. Journal quotidien, recueil périodique dans l'origine, rédigé par messieurs Martainville, Trouvé, Salgues, O'Mahoni, etc.

Droz. Membre de l'Académie française, l'un des rédacteurs du Spectateur, journal défunt. Il n'écrit plus rien depuis qu'il est dans le fauteuil.

Dubois-Loyseau, Homme aussi distingué par son esprit et ses paradoxes, que par sa paresse; très-grand mathématicien. Il a donné un article extrêmement remarquable sur la population, dans la Revue encyclopédique.

Dulaure. Auteur de l'*Histoire de Paris*. On le cite au nombre des rédacteurs du Mercure, parce qu'il a donné dans ce recueil un tableau des débordemens des nones au 7e siècle.

Dumoulin (Evariste). Rédacteur de l'article *spectacles* dans le Constitutionnel, depuis sa fondation. Il écrivait aussi dans la Minerve, et il écrit dans le Mercure du 19e siècle.

Dunoyer. Fondateur avec M. Comte du Censeur européen, dont il était le rédacteur le plus mordant. On ne veut pas qu'il écrire dans les journaux actuels, parce qu'il a trop de probité littéraire, et que les coteries ne le dirigent jamais.

DUPATY (Emmanuel). Auteur célèbre des *Délateurs*, de plusieurs opéras comiques et vaudevilles joués avec succès; l'un des rédacteurs de la Pandore. Il écrit aussi dans le Mercure, où ses articles sont aimés.

DUPEUTY (Charles). L'un des rédacteurs de la Nouveauté, auteur de quelques vaudevilles et mélodrames.

DUSSAULCHOY. L'un des rédacteurs du Journal de Paris, homme qui a suivi toutes les opinions, et qui a toujours écrit dans le sens du chef. On lui doit quelques petits recueils qui vont à la suite de *l'Ermite*, mais de loin.

DUSSAULT. L'un des hommes de lettres qui ont fait le plus d'honneur au Journal de l'Empire, et ensuite au Journal des Débats, où il écrivait des articles de haute littérature qu'on a recueillis en quatre volumes in-8°. Défunt.

DUVAL (Amaury). Savant de bonne foi, l'un des rédacteurs de la Revue encyclopédique, où il donne des articles curieux quelquefois, et lourds toujours.

Duvicquet. Rédacteur de l'article *spectacles* au Journal des Débats; ancien abbé, qui abdiqua à la révolution, fut secrétaire de la commission temporaire de Lyon; vanta la république, l'empire, la restauration, et succéda à Geoffroy, qu'il n'a pas du tout fait oublier. Il signe C. — On l'appelle Thoas-Duvicquet, parce qu'il avait proposé en 1793 de rétablir le droit de naufrage contre les émigrés.

E

Enfoncer. Lorsqu'on réussit à perdre un journal à force de le décrier, ou un théâtre à force de blâmes, cela s'appelle *enfoncer* la feuille rivale ou le théâtre ennemi.

Esneaux. Fondateur du recueil intitulé *le Don Quichotte* politique et littéraire, depuis long-temps supprimé. M. Esneaux s'est fait ensuite libraire : c'est d'évêque devenir meûnier; mais le moulin ne va pas.

Etienne (Charles Guillaume). De l'ancien Institut. Il rédigeait en chef sous Napoléon le Journal de l'Empire. Il continua de travailler au Journal des Débats; mais le Constitutionnel sut se l'attacher, et il est maintenant le plus saillant écrivain de ce journal. Ses Lettres sur Paris ont fait beaucoup de sensation dans la Minerve. Il donne des articles dans le Mercure. *Voyez* AMATEUR.

ETOILE. Journal du soir, qui n'aime du reste que les ténèbres, et qui est rédigé par des amateurs, tels que MM. de Peyronnet, de Corbière, de Frayssinous, et divers jésuites.

EYRIÈS (J. B.). Rédacteur des Nouvelles Annales des Voyages, etc. Il écrit quelquefois des analyses sur les contes des voyageurs, dans le Journal des Débats.

F

FABIEN-PILLET. L'un des rédacteurs du Journal de Paris, où il a écrit d'assez jolis articles.

FENVÉ. Rédacteur de l'article *tribunaux* dans le Journal du Commerce. Il écrivait précédemment dans le Constitutionnel; il a fait aussi des mélodrames.

FÉLETS. L'un des rédacteurs du Journal des Débats, où il a donné d'excellens articles sur la littérature française. On attendait plus de lui. -

Féret. Ancien rédacteur de l'Homme gris, poursuivi comme tel, et oublié aujourd'hui.

Férussac. Fondateur du Bulletin des Sciences et des Lettres, qui n'a pu soutenir la rivalité avec la Revue encyclopédique.

Feuille des Gens du Monde. Recueil littéraire et théologique, fondé par madame de Genlis. Elle n'en a publié qu'un volume dans lequel il y a de tout.

Fiévée. Jusqu'en 1807, M. Fiévée fut à la tête des écrivains qui travaillaient au Journal de l'Empire, qu'il arrangeait par ordre. M. Etienne lui succéda. M. Fiévée a travaillé plus tard au Conservateur et au Drapeau blanc. Croiriez-vous qu'il est l'auteur de *la Dot de Suzette?*

Figaro. Journal littéraire quotidien, rédigé par divers gens de lettres, sous les pseudonymes des personnages de la comédie de Beaumarchais.

Fontanes (le comte de). De son vivant grand-maître de l'Université. L'un des rédacteurs de la Quotidienne, sous le Directoire.

(29)

Fontenelle. Neveu de Corneille, académicien. Il a travaillé en son temps au Journal des Savans. Ce n'est plus de notre siècle ; mais les journalistes seront bien aises d'apprendre que Fontenelle et Bayle ont fait leur métier.

France chrétienne. Recueil périodique consacré à la religion, et rédigé par des ecclésiastiques.

Fréron. Auteur de l'Année littéraire, recueil estimé, où l'on remarque peut-être trop d'animosité contre Voltaire, mais un jugement solide et des connaissances très-étendues.

Frondeur impartial. Si un journal peut l'être. Journal littéraire quotidien, rédigé par M. Moreau et plusieurs hommes de lettres.

Furets. Collaborateurs ambulans, qui cherchent les nouvelles et les anecdotes, et viennent les rapporter au rédacteur en chef, lequel en fait son profit.

G

Gail (J. B.). Helléniste, ou éditeur de livres grecs. Fondateur du Philologue, journal défunt. M. Gail est reconnaissable à un petit parapluie qu'il porte dans sa poche.

GAILLARD. Auteur de l'Histoire de François Ier. L'un des collaborateurs du Journal des Savans, avant sa suppression, en 1792.

GALLAIS. Continuateur d'Anquetil, et l'un des premiers rédacteurs de la Quotidienne, où il ne travaille plus.

GALLARD (l'abbé). Frère de M. le curé de l'Assomption. Il écrit quelquefois, dans le Drapeau blanc et dans l'Etoile, de petits articles en faveur des Jésuites.

GAZETTE DE FRANCE. Le plus ancien de nos journaux, fondé par le médecin Renaudot, rédigé aujourd'hui par MM. Colnet, Perrin, Lourdoueix, etc.

GAZETTE DE SANTÉ. Journal des sciences médicales, rédigé par MM. les docteurs Miquel, Chaussier, Andral fils, etc., paraît par cahiers.

GAZETTE DES TRIBUNAUX. Journal quotidien, fondé par MM. Darmaing fils et Isambert.

GAY-LUSSAC. Il était un collaborateur du Journal des Savans en 1816; il l'a quitté pour fonder, avec M. Arago, le Journal des Sciences naturelles.

(31)

Genlis (Mme la comtesse de). Outre qu'elle a écrit dans beaucoup de journaux, elle a fondé le Journal imaginaire, qui n'a pas tenu ; la Feuille des Gens du Monde, qui est tombée, et l'Intrépide, qui a reculé. C'est parce qu'elle s'est toujours un peu jetée dans la polémique religieuse que Chénier appelait Mme de Genlis la Mère de l'Eglise. Elle faisait de la théologie à merveille dans son Intrépide.

Geoffroy. Fameux critique dont les feuilletons, publiés dans le Journal de l'Empire, ont été recueillis en six volumes in-8°, sous le titre de *Cours de Littérature dramatique*. Il donnait des éloges plus grands pour une écuelle de vermeil que pour une écuelle d'argent, et trouvait l'actrice qui apportait un cachemire bien supérieure à celle qui n'offrait qu'un tissu français. Beaucoup de journalistes aiment comme lui les cadeaux ; mais on ne les craint pas tant. Il était borgne.

Gérard (Edmond). L'un des rédacteurs de la Ruche d'Aquitaine, journal peu connu à Paris.

Gingurné. Littérateur célèbre qui travailla au Moniteur, sans ajouter à sa gloire.

Gleize. Autrefois rédacteur en chef du Censeur européen. Il a des opinions trop sévères pour écrire dans les feuilles actuelles.

Globe. Journal littéraire, qui paraît tous les deux jours, rédigé par divers littérateurs et savans recommandables, la plupart collaborateurs du Mercure.

Goumer (Jean-Baptiste). Fondateur des Tablettes universelles, revue mensuelle, tombées ; des Lunes parisiennes, tombées ; du Panorama des Nouveautés parisiennes, tombé, et d'un ouvrage intitulé : *Personnages célèbres dans les rues de Paris*, qui n'a pas eu de succès.

Goyet. Rédacteur en chef du Propagateur, journal qui ne s'est pas propagé long-temps.

Grégoire. Ancien évêque de Blois, fondateur et directeur de la Chronique religieuse, journal des jansénistes.

Guadet. L'un de ces doctes obscurs dont le nom ne rappelle rien. Il écrit, dit-on, dans le Mercure et dans la Revue encyclopédique.

Guyet. L'un des écrivains qui fournissent le Courrier français. Il est instruit, contre l'ordinaire des journalistes. On lui doit une assez bonne édition de Voltaire.

H

Hoffman. Homme à paradoxes, qui fait de longs voyages à pied, qui rédige ses articles lui-même, qui se joue de son lecteur, l'amuse, le raille, l'intéresse, et aux genoux de qui on demande des articles, qu'il ne prodigue pas, car le bon n'est pas commun.

Huart. Rédacteur du Journal de Paris pour la politique. Cela se fait sans fracas.

Hygie. Journal de Médecine en littérature, qui conseille aux malades des lectures de romans, et qui voudrait compter toutes les femmes à vapeurs parmi ses abonnés. Ce journal annonce les cosmétiques, les eaux de Cologne et les bonbons.

I

Intrépide. Recueil littéraire, religieux et politique, précurseur du Conservateur, etc., fondé par Mme de Genlis, et qui n'a tenu que quelques semaines.

Isambert. Avocat distingué, qui donne parfois des articles remarquables dans le

Constitutionnel, et qui est l'un des collaborateurs de la Gazette des Tribunaux.

J

JAL. L'un des rédacteurs du Mercure. Il
écrit aussi dans le Corsaire ; ce qui ne suf-
fit pas pour faire un grand homme.

JAY. L'un des principaux rédacteurs du
Constitutionnel, du Journal du Commerce,
de l'ancienne Minerve, du Mercure, etc. ;
auteur d'une bonne *Histoire de Richelieu*. Il
a partagé la captivité de M. de Jouy à
Sainte-Pélagie, et a fait avec lui les *Ermites en prison* et *les Ermites en liberté*.

JOURNAL DE PARIS, ou des Ministres. Ce
journal a toujours été vendu. Il est rédigé
à présent par MM. Ourry, Sauvan, et les
commis de M. de Villèle.

JOURNAL DES DÉBATS. Politique et littéraire ; le plus classique de nos journaux,
rédigé cependant par MM. de Chateaubriand, Nodier, Bertin - Devaux, Duvi-
quet, Malte-Brun, mais aussi par MM.
Hoffman, Félets, etc.

JOURNAL DES DAMES ET DES MODES. Rédigé
par M. l'abbé Lamesangère, auteur du
Dictionnaire des Proverbes français.

Journal du Commerce. Premier titre du Constitutionnel. C'est maintenant un autre journal, mais dans les mêmes principes. Le rédacteur en chef est M. Bert.

Journal du Magnétisme animal. Rédacteur, M. Deleuze. C'est un recueil qui paraît par cahiers, et qui annonce tous les miracles du baquet et toutes les prouesses des somnanbules magnétiques.

Journal Imaginaire. Rédigé autrefois par Mme de Genlis, et tombé.

Jouslin de Lassalle. Fondateur de le Sentinelle de l'Honneur, ou petite Revue patriotique, défunte ; l'un des rédacteurs du Déjeûner, journal littéraire défunt. Il a écrit aussi dans la Lorgnette, devenue le Mentor. On lui doit sa part dans quelques vaudevilles et mélodrames.

Jouy (Etienne). De l'Académie française, auteur de *Sylla*, de *la Vestale*, des *Ermites*, etc. Il a publié dans la Gazette de France l'Ermite de la Chaussée-d'Antin, le Franc - Parleur, l'Ermite de la Guiane ; et dans la Minerve, l'Ermite en Province. Il a travaillé dans la Renommée, dans le Courrier français, dans la Pandore. C'est maintenant l'un des rédacteurs de l'Opinion et du Mercure.

Juté (Auguste). Général, qui travaillait au *Post-Scriptum,* recueil qui se distinguait par beaucoup d'esprit. Il a fait aussi la Boussole politique , ensuite le Journal général, devenu l'Indépendant, journal militaire, tombé devant la censure. Mort il y a trois ans.

Jollien (M. A.). L'un de nos savans les plus infatigables, fondateur et directeur de la Revue encyclopédique, qui ne doit six années d'existence et de prospérité qu'à son courage et à ses soins. M. Jullien a su s'entourer d'une foule de littérateurs pleins de mérite, qui font de son recueil mensuel un ouvrage très-précieux pour les littérateurs et les savans français.

K

Kératry. Ancien député du Finistère. Il écrivait dans la Renommée; il écrit aujourd'hui dans le Courrier français.

L

Lablée. Auteur de la Chronique de Paris, commencée en 1817. Le titre de ce journal a été changé en celui de Revue, lorsqu'il a aussi changé de maître. Ses principes ont aussi changé ; mais la mauvaise impression qu'il a produite à sa publication est restée. M. le chevalier Lablée a fait des chansons à la louange de tous les régimes. Il porte une queue et des culottes à mollets.

Laborde (Alexandre de). L'un des rédacteurs de la Revue encyclopédique ; de plus c'est un savant.

Lacretelle aîné. De son vivant chef et rédacteur responsable de la Minerve française. Il a laissé quelques ouvrages de *poids*, dont personne ne s'est chargé.

Lacretelle jeune. Académicien ; rédacteur dans le Spectateur politique et littéraire; meilleur écrivain que son frère, mais plus variable dans ses principes.

Laharpe. Auteur immortel du Lycée, l'un des principaux rédacteurs de la Quotidienne sous le Directoire. Alors il était converti ; mais on trouve dans ce journal, en 1795, des articles de lui qui ne sont pas tous mauvais. Il a aussi travaillé à l'ancien Mercure.

Lalande. Fameux astronome, collaborateur de Gaillard dans le Journal des Savans jusqu'en 1792. On sait qu'il mangeait des araignées : un docte, qui avait à se plaindre de lui, disait que c'était trop bon pour un journaliste.

LAMOTHE-LANGON. Auteur de *l'Etendard de la Mort*, de *la Jeune Vampire*, du *Spectre de la galerie du château d'Estalens*. Il écrit dans le Pilote et dans le Corsaire, en surnuméraire dans le premier, en amateur dans le second.

LANGLÈS. Savant orientaliste, mort. C'est lui qui, de 1797 à 1816, rédigea en chef Journal des Savans. Il travailla depuis à la Revue encyclopédique. On conte que Louis XVIII voulut qu'il eût devant lui une conversation avec l'ambassadeur persan, dont il savait la langue ; mais dès que M. Langlès eut dit une phrase, l'ambassadeur, qui prit son persan pour un patois auvergnat ou limousin, se tourna vers le roi de France, et lui dit : » Sire, je n'entends pas ce français-là. »

LANJUINAIS. L'un des rédacteurs de la Revue encyclopédique et de la Chronique religieuse, et l'un des patrons du jansénisme ; aussi ne manque-t-il aucune occasion d'habiller les jésuites.

LAYA. Académicien, qui fut l'un des rédacteurs de la Quinzaine littéraire. Il a écrit ensuite dans le Moniteur ; mais on ne s'en souvient plus.

Lemière de Corvey. Auteur d'un journal de musique qui est mort un peu après sa naissance : bon musicien, du reste, et homme aimable ; mais on peut avec cela ne pas être né journaliste.

Letronne. Editeur de Rollin. Il a travaillé au Journal des Savans, depuis 1816, sans qu'on s'en soit douté.

Lorgnette (la). Journal littéraire, rédigé de son vivant par M. Hippolyte Maignien. Le Mentor lui a succédé.

Lourdoueix (de). Principal rédacteur de la Gazette de France, censeur, auteur de plusieurs ouvrages auxquels il n'a pas toujours mis son nom, que les faiseurs de rébus ont figuré par une *lourde-oie*. C'est pourtant un homme d'esprit, quoiqu'il en fasse peu d'étalage, car il a de fameuses places.

Loyson. L'un des rédacteurs du Spectateur ; il écrit aussi dans le Journal de Paris : mais comment peut-on s'appeler l'Oison ?

M.

Maignien (Hippolyte). Rédacteur principal de la Lorgnette, à présent le Mentor, que rédige M. Armand Séville : ainsi , M. Maignien a perdu sa principauté.

Malte - Brun. Fondateur et rédacteur, avec M. Eyriès, des Nouvelles Annales des Voyages ; rédacteur dans le Journal des Débats pour la politique, les sciences, la littérature, les voyages surtout. Il avait créé le Spectateur, qui s'est ennuyé du spectacle, et qui n'a plus paru. Ce journal hebdomadaire était dirigé contre Napoléon, qui venait de tomber.

Marcadier. Homme de lettres qui travaille à la Gazette de France pour la littérature anglaise, et qui doit bientôt, dit-on, se mettre à l'étude du français.

Marron. Pasteur de Paris, collaborateur à la Revue protestante.

Martainville. Rédacteur alors amusant des articles *spectacles* dans le Journal de Paris, et ensuite dans la Gazette, avant l'apparition du Drapeau blanc, qu'il a fondé. Il a travaillé aussi dans le Conservateur. Il ne lui est resté que son Drapeau et *le Pied de Mouton*.

Martin (Aimé). Littérateur distingué. Il écrit dans le Journal des Débats sur les sciences naturelles, les romans et la poésie descriptive. Il avait une belle bibliothèque qu'il a vendue. Pauvres gens de lettres ! c'est pour vous qu'on fait les volumes à cinq sous.

MASSON DE POITNEUF. Fondateur et directeur de *la Nouveauté*, journal des spectacles et de la littérature.

MAUBICE (Charles). Fameux pour le coup de poing ; rédacteur en chef du Courrier des Spectacles ; auteur de quelques pièces tombées ; écrivain qui dit du mal de tout ce qui est bon, afin d'être piquant, de se faire craindre, et d'avoir un cabriolet d'osier pour retourner le soir à la plaine des Sablons.

MELLY-JEANNIN. L'un des principaux rédacteurs actuels de la Quotidienne, fondateur des Lettres champenoises qui ont eu quelques lecteurs.

MENTOR (le). Journal dramatique et littéraire, né de la mort de la Lorgnette ; rédacteur en chef, M. Armand Séville, auteur d'un *Abrégé de l'Histoire de France*, imprimé chez Tiger, défunt.

MERCURE DU DIX-NEUVIÈME SIÈCLE. Recueil littéraire paraissant toutes les semaines, rédigé par MM. Année Bert, Berville, F. Bodin, Buchon, Chatelain, Dulaure, Ev. Dumoulin, Emm. Dupaty, Guadet, Jal, Jay, Lanjuinais, Cauchois-Lemaire, Moreau, Pagès, Picard, Saintine, Senancourt, L. Thiessé, A. Thiers, Tissot, Ymbert, etc.

Merle. Rédacteur de l'article *spectacles* dans la Quotidienne, après avoir été l'un des collaborateurs du Nain jaune ; auteur de jolis vaudevilles; bel homme du reste, mais à présent invalide.

Mésangère (M. de la). Fondateur et rédacteur principal du Journal des Dames et des Modes, feuille sans couleurs, mais ornée d'images assez bien faites.

Michaud. De l'Académie ; rédacteur en chef de la Quotidienne, et auteur de l'*Histoire des Croisades*, etc.

Millin. Fondateur des Annales encyclopédiques, en 1796, avec MM. Noël et Warens. Ce journal s'appela depuis Magasin. Il est tombé en 1819, à la mort de l'auteur, et a été remplacé très-avantageusement par la Revue encyclopédique de M. Jullien, qui n'a que le seul défaut de ne pas assez sacrifier à l'amusement.

Mollevault. Traducteur de divers poètes latins ; l'un des rédacteurs de la Quinzaine littéraire, qui ne paraît plus. Il a écrit dans l'Apollon.

Moncrif (Paradis de). Historiogriffe des chats, auteur de pièces badines, qui écrivait pourtant dans le Journal des Savans sous Louis XV.

Moniteur universel. Feuille officielle du gouvernement, dont elle a toujours suivi les systèmes : rédacteurs, MM. Sauveau, Amar, Pierrot, etc.

Montablot (Cugnet de). Ex-commissaire des guerres, rédacteur responsable du Nouvel Homme gris, où l'on prétend qu'il n'écrivait que des adresses.

Moreau. L'un de nos plus ingénieux vaudevillistes, chansonnier spirituel et littérateur estimé ; rédacteur en chef de l'Opinion. Il écrit aussi dans le Courrier français. On vient de mettre en vente son *Résumé de l'Histoire de Paris*, qui obtient grand succès.

Mouhy (le chevalier de). L'un des rédacteurs au dernier siècle de la Gazette de France, qui n'était pas si vieille alors qu'aujourd'hui, comme dit Cadet Roussel.

Moreau. L'un des rédacteurs en chef du Constitutionnel; homme sans morgue, malgré son importance; auteur de l'*Histoire du Tribunat des Gracques*, où l'on s'aperçoit qu'il a traversé la révolution en observateur.

N

Nodier (Charles). L'un des rédacteurs du Journal des Débats pour la bibliographie, l'histoire littéraire, les matières religieuses; écrivain romantique, qui appelait le poignard de Louvel une idée libérale; auteur de la charmante nouvelle de *Thérèse Aubert*, et du mélodrame de *Bertram*.

Noël. L'un des trois fondateurs des Annales encyclopédiques, commencé en 1796, sous la direction de Millin, inspecteur de l'Université; compilateur de Dictionnaires et de Leçons de littérature.

Nouveauté (la). Journal de la littérature, des théâtres, des arts et du commerce, rédigé par MM. Masson de Puitneuf, Charles Dupeuty, Ferdinand de Villeneuve, etc.

O

'O'Mahoni. Irlandais francisé, qui a écrit dans le Conservateur, et qui s'est retiré dans le Drapeau blanc.

Opinion (l'). Journal des mœurs, de la littérature et des théâtres, rédigé par MM. Arnault, Jouy, Lemercier, Chasles, Halevy, etc.

Ourry. Rédacteur avec M. Sauvan de l'article *Spectacles* au Journal de Paris ; auteur pour sa part de quelques vaudevilles, chansonnier de tous les régimes. Nous croyons même devoir apprendre au lecteur que M. Ourry a fait des épîtres en vers.

P

Pagès. (J. F.) L'un des rédacteurs de la Minerve française, et depuis de la Renommée, puis du Courrier français. On lui doit des *Dialogues des Morts de la Révolution*, qui ne méritaient pas l'oubli où ils sont tombés. Il écrit aussi dans le Mercure.

Pandore. Journal littéraire qui a succédé au Miroir, supprimé. Rédacteurs en chef, MM. Castel et Perpignan.

Pariset. Rédacteur de quelques articles

dans le Spectateur. Il écrit à présent dans le Courrier français les morceaux traduits des journaux de Londres. On lui doit la traduction de l'*Expédition de lord Byron en Grèce*, qui a paru chez Peytieux.

PERPIGNAN. Homme de lettres chargé des détails de la Pandore. Par exemple, c'est lui qui écrit : *Lundi 29 mai 1826, n°...., etc.*

PERRIN (René). Vaudevilliste qui se repose. Il était rédacteur en chef de l'Indépendant. Il écrit, depuis la chute de ce journal, dans la Gazette de France : c'est un peu du rouge au blanc.

PETIT COURRIER DES DAMES, ou Nouveau Journal des Modes, rédigé par mesdames Thierry, Delarue, Davot, etc.

PEUCHET. Homme de lettres qui travaille sur la statistique, l'administration, l'économie politique, le commerce, les arts industriels, etc., pour le Moniteur. Il a publié des *Mémoires sur Mirabeau* qui n'ont pas rempli l'attente du public.

PICARD. Académicien, dit le Molière de notre siècle. Il écrit dans le Mercure; ce qui n'ajoutera pas à sa gloire, pas plus que ses romans.

Picot. Rédacteur de l'Ami de la Religion et du Roi, qui n'est, dit-on, l'ami de personne.

Pièce de Bœuf. On appelle ainsi dans les journaux politiques le grand article de pathos, sur les choses du moment, qui ouvre les colonnes de Paris. C'est ordinairement un jeune homme qui fait ce morceau, pour l'admiration du commun des lecteurs. On l'appelle aussi la *pièce de résistance*. Un excellent journal qui ne servirait pas tous les jours à ses abonnés la *pièce de bœuf*, ne serait pas sûr de réussir.

Pierrot. Professeur dont on a parlé à cause de son nom uni à du mérite. Il faisait l'article *Spectacles* dans les Annales politiques et littéraires. Il écrit dans le Moniteur.

Piis. Chansonnier célèbre, qui s'est plié a tous les régimes. L'un des rédacteurs du Spectateur, où il s'éleva contre Napoléon, qu'il avait chanté douze ans. Il n'écrit plus.

Pilote. Journal du soir, politique et littéraire, dirigé dans l'origine par MM. Tissot et Cassano, actuellement par MM. Cassano et Villèle.

Procureurs. Gens qui font les recherches pour les articles où il faut un peu d'érudition.

Prissette. Rédacteur principal, avec M. Maurice, du Courrier des Spectacles, qui n'est craint que des acteurs, et n'est connu que chez ces messieurs. Ce journal n'a trouvé qu'un moyen d'avoir quelques abonnés, c'est de dire beaucoup de mal des comédiens qui ne s'y abonnent pas.

Psyché (la). Recueil littéraire mensuel, dédié aux dames, rédigé par nos premiers poètes et littérateurs, et par les femmes célèbres de notre temps.

Q

Quatremer de Quincy. De l'Académie. L'un des auteurs du Journal des Savans. Il s'appelait Quatremer tout court; il demanda le *de* avant la révolution : on le lui accorda, à condition qu'au lieu d'être avant, il serait après son nom; ça fait M. *Quatremer de*, etc.

Quotidienne (la). Journal politique et littéraire, rédigé par MM. Michaud, Merle, Bonald, Mme de Genlis, et autres ecclésiastiques.

R

RAOUL - ROCHETTE. L'un des collaborateurs du Journal des Savans, depuis la nouvelle organisation de ce journal, en 1816. Il a donné aussi des articles dans les Débats, sur la littérature grecque.

RAYNOUARD. Académicien ; l'un des auteurs du Journal des Savans, depuis la réorganisasion de 1816. Il est plus connu par ses *Templiers* que par ses articles.

RÉDACTEUR EN CHEF. La plupart du temps il ne rédige rien : on lui remet les articles tout faits, qu'il met en ordre ; et voilà.

RÉMOND DE SAINT-ALBINE. L'un de ceux qui ont écrit dans la Gazette de France jusqu'en 1792.

RÉMUZAT (Abel). Collaborateur du Journal des Savans, depuis l'organisation de 1816 ; savant chinois, qui avait traduit un roman *idem*, lequel ne parut pas, attendu qu'un autre docte avait traduit le même ouvrage comme un traité de morale.

RENAUDOT (Eusèbe-Théophraste). Fondateur de la Gazette de France, commencée en 1631 , et le premier journal qui ait paru dans le royaume.

Responsable. Le rédacteur responsable d'un journal y est étranger la plupart du temps ; mais on lui fait une petite rente, moyennant quoi il veut bien courir le risque d'aller en prison.

Revue Encyclopédique. Recueil mensuel fondé par M. Jullien de Paris, et rédigé par une foule d'hommes remarquables. Ce recueil scientifique et littéraire, qui compte déjà six années d'existence, s'améliore de jour en jour.

Revue protestante. Journal des réformés, publié par MM. les pasteurs Coquerel, Vincent, Marron, etc.

Ricord. Fondateur des Archives de Thalie, journal qui n'a pas vécu.

Rippert. L'un des rédacteurs actuels de la Quotidienne, où il fait peu de rumeur.

Robert (Charles). Principal rédacteur du journal intitulé : Le Royaliste. Il avait travaillé au Fidèle Ami du Roi. On y remarque la plus grande exagération monarchique. Il écrit dans le Drapeau blanc et dans l'Étoile.

Roch. L'un des rédacteurs peu bruyans du Frondeur impartial.

Rougemont. Homme de lettres, que la

Gazette de France a perdu en 1819, et qui s'est jeté dans le Journal de Paris. Son *Rôdeur* a obtenu du succès.

S

SAINT-PROSPER. Rédacteur en chef du Journal des Campagnes, qu'on ne lit pas à Paris.

SAINTINE. L'un des rédacteurs du Mercure du dix-neuvième siècle, où il a donné de jolis contes.

SALGUES. Principal rédacteur, sous l'Empire, du Courrier de l'Europe, où il donna des articles recueillis depuis en trois volumes in-8°, sous le titre *des Erreurs et des préjugés répandus dans la société*. Il a écrit depuis dans le Courrier des Spectacles et dans le Drapeau blanc.

SALLO (Denis de). Fondateur du Journal des Savans, en 1666.

SALVERTE (Eusèbe). Il a publié son *Essai sur la Magie*, par fragmens, dans l'esprit des journaux, recueil littéraire de Bruxelles. Il a écrit dans les Lettres normandes, et ne donne plus que rarement quelques articles au Constitutionnel et au Mercure,

SAULNIER. L'un des rédacteurs de la Minerve française, à présent rédacteur en chef de la Revue britannique.

Sauvan. Redacteur, avec M. Ourry, de l'article *spectacles* dans le Journal de Paris.

Sauvo. Rédacteur en chef du Moniteur, qui rédige aussi dans le même journal l'article *spectacles*, où l'on trouve, avec tout l'esprit et la légèreté d'un feuilleton, ce bon ton, cette conscience litteraire et cette critique saine dont beaucoup d'autres rédacteurs sont loin de fournir l'exemple.

Say. Economiste célèbre qui travaillait au Censeur européen. Il écrit dans le Courrier français.

Scheffer. Traducteur de quelques ouvrages anglais. Il écrivait dans le Censeur européen. Il donne des articles dans la Revue encyclopédique.

Ségur (le comte de). Académicien, poète, historien distingué, autrefois l'un des principaux rédacteurs du Journal de Paris. Il n'écrit plus que rarement dans la Pandore et dans le Constitutionnel.

Sénancourt. L'un des rédacteurs du Constitutionnel; auteur des *Libres Méditations d'un Solitaire inconnu*, ouvrage peu connu.

Séville (Armand). Rédacteur en chef du Mentor, ci-devant la Lorgnette.

Soclié (J. B.). Autrefois principal rédacteur du Mémorial bordelais, et aujourd'hui l'un des rédacteurs en chef de la Quotidienne.

Suard. L'un des rédacteurs de la Quotidienne en 1793, époque de sa fondation.

T

Théaulon. Fondateur de l'Apollon, qui n'a paru qu'un an. Il écrit en amateur dans quelques journaux littéraires.

Thévelin (Eugène). Il écrivait dans l'Indépendant au moment où il advint le fait qui suit : Les journalistes avaient le droit, usurpé sans doute, de se tenir à la Chambre des Députés dans la salle même sous la tribune. M. Poyféré de Cère, député, dont les journalistes s'étaient moqué, dont on avait cité les pantalons colans, les souliers luisans et les cheveux crêpés, fit une motion tendant à reléguer ces messieurs dans une tribune ; ce qui eut lieu : sur quoi on fit dans l'Indépendant cette chanson, qu'on attribue à M. Thévelin :

Vive monsieur de Poyféré,
Monsieur Poyféré de Cère?
Sur l'éloquence il est ferré;
Vive Monsieur de Puyféré.

Vive monsieur de Poyféré,
Le Cicéron de l'arbitraire!
Les journaux il a resserré :
Vive monsieur de Poyféré.

THIERRY. Jeune savant qui a donné des articles remarquables dans le Censeur européen, et qui écrit encore dans le Courrier français et dans la Revue encyclopédique.

THIERS. Jeune écrivain politique, qui travaille sans bruit au Mercure.

THIESSÉ (Léon). Un des rédacteurs du Journal du Commerce; fondateur des Lettres normandes, qui ont eu grande vogue; auteur du *Palais-Royal en miniature* et de la tragédie du *Tribunal secret.* Il écrit dans le Constitutionnel.

TISSOT. Le plus classique de nos littérateurs; autrefois rédacteur en chef du Constitutionnel et de la Minerve française. Il écrit dans le Mercure du 19e siècle, dont il est le soutien. Il a aussi fondé le Pilote, qui a passé de ses mains dans celles de M. de Villèle.

Toublet. Homme de lettres, qui travaille dans le Moniteur, pour la littérature ancienne.

Trouvé (baron). A présent imprimeur, autrefois préfet et rédacteur du Moniteur. Il a écrit aussi dans le Conservateur, et n'écrit plus que dans le Drapeau blanc.

U

Ussieux (M. D.). Fondateur du Journal de Paris, commencé le 1er janvier 1777.

V

Vauxcelles (de). C'était l'un des principaux rédacteurs de la Quotidienne, à sa fondation en 1795.

Vielleiglé de Saint-Alme. Auteur de jolis romans. Il écrit dans le Corsaire.

Villenave. Principal rédacteur des Annales politiques et morales, qui changèrent plusieurs fois de couleur sans changer de chef.

Villeneuve (Ferdinand de). L'un des rédacteurs de la Nouveauté, auteur de mélodrames, et partner dans quelques vaudevilles.

Vilmabet. Rédacteur des Affiches parisienmes. Il avait travaillé long-temps dans les Annales politiques; il écrit aussi des annonces dans quelques feuilles littéraires.

VINCENT. Pasteur de Nîmes, collaborateur à la Revue protestante.

VISCONTI. Collaborateur du Journal des Savans, après l'ordonnance de réorganisation en 1816. Il n'y travaille plus, et se repose. On demande ce qui l'a pu fatiguer.

Y

YMBERT. Auteur des *Mœurs administratives* et de quelques autres ouvrages spirituels. Il écrit dans la Pandore et dans le Corsaire.

FIN.